BHV le Vendredi 8 Avril 1994 -

UN SIÈCLE PASSE

Conception : Sophie Costamagna.

Réalisation : Fabrice Epelboim.
Correction : Catherine Marin.

Éditions Carré, Paris, 1994.
ISBN : 2-908393-08-5.

UN SIÈCLE PASSE

39 photos-constats
par Alain Blondel
et Laurent Sully Jaulmes

Épilogue de Jean Dethier

Préambule

Des années dans les banlieues, des kilomètres dans la périphérie ne laissent au voyageur que tristesse et nostalgie du temps qui passe, trop vite, trop mal. Car le sentiment d'une catastrophe que partagent le passant et l'habitant des franges de la mégalopole n'est pas le fruit d'une illusion. Nombre d'architectes et d'urbanistes l'affichent aussi, sur la foi d'analyses que ces professions changeantes ont constituées depuis plus de quinze ans avec une louable compétence. Le chaos périurbain est un constat sur lequel personne ne revient. Seules les attitudes diffèrent face à lui. Si certains, fascinés par ce paysage neuf de la ville, en tirent matière à produire en toute liberté, prenant sans hésiter le risque de rendre la banlieue toujours plus inhabitable, nombreux sont ceux qu'une lucidité réelle, une inquiétude morale profonde poussent à réparer, au niveau de ce que peut l'architecture au sein de la très grande complexité de la question urbaine. L'ampleur du problème pourrait donner à leurs efforts, à leurs travaux, une apparence de faiblesse insigne. Mais il ne faudrait pas oublier que l'état des choses a mis longtemps à s'établir et qu'une réparation est encore plus lente à montrer ses effets. Le poids des œuvres qui manifestent ce que l'on appelle « l'architecture inverse » — le terme ne signifie pas le pastiche des formes anciennes, mais une manière d'articuler le bâti pour retrouver des espaces de convivialité depuis longtemps vérifiés par l'histoire de la ville européenne — n'est pas, pour le futur, négligeable. Morceau par morceau, une ville plus humaine en sortira, sans que l'on en connaisse aujourd'hui l'échéance mais sûrement, si cette démarche arrive à s'enraciner dans l'esprit des gens, des élus, voire des puissances d'argent. Elle y parviendra dans la mesure où le sens critique aura diffusé largement dans le corps social, quand le refus de l'héritage aura cessé d'entraîner avec lui le rejet d'une corporation plus riche qu'on ne le croit communément d'une intelligence de la situation et des moyens à déployer pour y remédier progressivement. S'il est normal de pleurer sur le passé, de se révolter contre le présent, il est essentiel de se passionner pour l'architecture, pour les combats d'idées qui font sa vie et la nôtre. Il faut *considérer* cet art, dont l'actualité, ici ou là, nous montre la sagesse ou la folie, et tendre à savoir discerner, dans sa diversité, ce qu'il y a à défendre. Sans cela, sans l'élan vers plus de compréhension, sans refus d'une inculture bien française de l'architecture, nous manquerons tout avenir de citadins responsables. L'ignorance est toujours amère et ne saurait constituer le ciment d'une volonté collective nécessaire à l'invention d'une urbanité nouvelle sur la ville aujourd'hui défaite.

L'ÉDITEUR.

Chaville, avenue Roger-Salengro, septembre 1971.

UN SIÈCLE DE PROGRÈS...

Alain Blondel

Avant. Après. Maintenant.

En 1970, navré par la transformation radicale du paysage urbain en région parisienne, qui s'était accélérée dans les années précédentes, je me suis employé, avec deux complices qui partageaient ma nostalgie amère, à dresser un constat, peu réfutable, de la dégradation de ce que l'on commençait à peine à nommer « environnement ».

La méthode consistait à piocher dans une collection de cartes postales datant du début du siècle et à confronter les lieux représentés avec la réalité d'alors*. Pour que la démonstration fût objective, le choix des documents anciens portait sur des lieux ordinaires, modestes et animés, répartis également autour de Paris. La règle du jeu consistait à choisir l'Avant sans connaître l'Après.

Le but recherché n'était pas de dénoncer telle ou telle opération urbanistique désastreuse. Il s'agissait simplement de saisir — à défaut de comprendre — l'évolution de la banlieue parisienne dans ses aspects les plus quotidiens.

* Ce travail, réalisé en collaboration avec Laurent Sully Jaulmes, a été montré au musée des Arts décoratifs en 1972 dans une exposition intitulée « L'image du temps dans le paysage urbain, 60 photos-constats ». Roxane Dubuisson nous a fourni les cartes postales, puis nous a souvent accompagnés dans ce premier reportage, nous aidant à retrouver notre chemin quand les adresses avaient changé, permettant ainsi de repérer « l'allée des Chèvrefeuilles » sous le lugubre « boulevard du 25-Octobre ».

Le constat né de cette juxtaposition de l'ancien et du nouvel état des lieux était accablant. Il suggérait implicitement que la dégradation du cadre de vie atteignait un abîme qui pourrait difficilement être surpassé.

Erreur, le pire était encore à venir. Comme en fait foi le troisième volet du patient reportage que nous présentons ici. En vingt ans, le rythme du changement s'est encore précipité. Une architecture technique et miroitante a envahi les métropoles du monde entier et leurs périphéries. Contrairement aux siècles passés, quand bâtir était un acte positif et généralement heureux, la quasi-totalité de ce qui s'édifie aujourd'hui porte atteinte au paysage environnant. Un chantier nouveau dans une ville est presque à coup sûr une blessure nouvelle dans le tissu urbain,un manquement supplémentaire aux règles coutumières de l'organisation ancienne, une tension stressante de plus. Davantage que laide, l'architecture d'aujourd'hui est devenue méchante. Elle tient à se faire remarquer. Elle bouscule. Elle est mal élevée.

Le paysage urbain, dans ses transformations, témoigne en tant que trace visible, solidifiée, de l'évolution du mode de vie. La cohérence sociale d'une population ou, au contraire, les turbulences qui l'agitent, se reflètent assez rapidement dans son habitat. Ces transformations sont plus spectaculaires en banlieue ; évidemment elles y sont plus libres. Dans la périphérie des grandes villes se trouve le juste baromètre de notre temps. Et pour l'heure, la prévision est pour le moins pessimiste.

Au temps de la (presque) inévitable harmonie

Il n'en a pas toujours été ainsi. Pour s'en tenir à l'histoire récente, le beau fixe a duré plus d'un siècle. À partir du milieu du XVIIIe siècle, et concurremment à la construction d'un grand nombre de châteaux, s'est rapidement développé autour de Paris un type d'habitat populaire et bourgeois parfaitement équilibré dans ses proportions et ses rapports paisibles avec la nature, lesquels n'étaient pas spécialement réfléchis ; c'était dans l'air du temps.

Tout ce qui subsiste de charmant en Île-de-France a été bâti dans les cent ans qui ont suivi. Une même simplicité essentielle régissait le décor, de la maisonnette à la grande demeure. L'usage constant du plâtre, dans cette région, pour enduire les façades des constructions courantes permettait, à bon compte, de tirer de discrètes corniches, d'entourer les ouvertures de sobres et immuables moulures.

L'offre de choisir un style pour orner leurs maisons aurait paru incongrue aux contemporains de cette époque assurée dans ses modèles. Les gens de ce temps-là, enragés par ailleurs de passions antagonistes (trois révolutions en cent ans !), se retrouvaient naturellement sur la notion du « beau », qui allait de pair avec une certaine qualité d'exécution.

La vanité des notables se satisfaisait, alors, des dimensions plus ou moins imposantes de leur maison, de la longueur des murs bordant leur propriété. Elle n'allait pas encore se placer dans l'option d'un style choisi dans un catalogue. Quand l'objet en est futile, la faculté (ou l'obligation) d'effectuer un choix est souvent une corvée dont le commun des mortels se passerait bien. Dans leur souci de faire le mieux possible — c'est-à-dire comme tout le monde — quelques générations créaient naturellement, avec des moyens réduits, un habitat harmonieux où la nature apprivoisée était omniprésente avec, dans les bourgs et les villages, de multiples fontaines, des vergers derrière les maisons, des arbres sur les places, des treilles grimpant sur des façades claires aux volets gris ou blancs.

Pendant tout le temps où la révolution industrielle a ignoré le bâtiment, l'aspirant propriétaire s'est contenté d'ordonner à un maître d'œuvre de lui construire une maison de deux pièces, ou de vingt, selon ses moyens ; et, hormis quelques exigences d'ordre pratique, c'était à peu près la seule indication qu'il donnait quant à l'aspect extérieur. Une fois ce programme énoncé, le résultat était immanquablement correct. Dans le domaine de l'architecture domestique, l'énergie créatrice de l'architecte était alors exclusivement tendue vers la recherche de la perfection artisanale, de l'application intelligente des règles de l'art.

À la lumière du témoignage d'équilibre que nous laisse cette époque, l'esprit de classicisme ne saurait être envisagé comme un style, mais doit plutôt être compris comme un consentement universel, une tentative de stabiliser, d'asseoir le temps dans le présent. La confiance dans un modèle absolu n'entravait, d'ailleurs, en rien l'ingéniosité et la fantaisie. Si le goût du pittoresque et les accessoires du plaisir (dans les ornements de jardin, notamment, et dans les transitions entre l'intérieur et l'extérieur) n'ont jamais autant prospéré que pendant cette longue période, c'est que le bonheur de vivre est plus accessible quand le temps fait semblant de ralentir un peu. Et rien ne le ponctue plus cruellement, le temps, que les changements de décor radicaux.

Du passé, faisons table rase...

Mais l'immuable, hélas, ne l'était pas tant que ça ; et les choses se sont progressivement gâtées après 1870. À la fin du siècle, le réseau de chemin de fer déjà très étendu faisait vibrionner la population de la région parisienne. Les rythmes de vie changeaient. Des matériaux nouveaux apparaissaient. Mais surtout, plus perturbant, commençait à se répandre un virus tourmenteur dont les progrès allaient tenailler, des plus obscurs aux plus illustres, les acteurs de l'art au XXe siècle : l'idée de modernité (de plus en plus associée à la volonté compulsive de rupture avec le passé). Cette inquiète aspiration nouvelle, typiquement citadine, a naturellement trouvé son application immédiate et spectaculaire dans l'architecture. Pour le meilleur et pour le pire. Le meilleur est dans les livres, le pire nous entoure.

Dans le souci de « faire moderne », les conquérants de la banlieue ont certainement été parmi les plus zélés. Ce réflexe, il y a cent ans, recouvrait d'autres poncifs qu'aujourd'hui ; le « goût moderne », comme on disait alors, raffolait de la meulière, de la brique et de la tuile mécaniques, du crépi de ciment et du fer profilé. Dans l'ombre des résidences d'été, le pavillon faisait son apparition, et son côté étriqué marquait le triomphe de l'individualisme petit-bourgeois. La vogue du Modern Style de bazar allait suivre, propagée par des légions « d'architectes d'art »* banlieusards. Le goût de la nouveauté, fouetté par les méthodes nouvelles de la « réclame », en favorisant les excès de personnalisation, a donné lieu à des résultats divers. L'invention géniale de certains architectes de l'Art nouveau sut quelquefois, dans cette émulation fébrile, trouver des commanditaires aventureux et des ouvriers d'une adresse inimaginable. Le plus souvent, malgré tout, la lourde ostentation et l'outrance éclectique ont prospéré. En étudiant la période 1870-1914, on reste parfois confondu par tant de qualité d'exécution mise au service d'une inspiration souvent médiocre et prétentieuse. Les premières années du siècle recélaient encore une énorme richesse de savoir-faire manuel qui a largement trouvé à s'employer jusqu'à la guerre, que ce soit dans l'édification d'imposants castels ou dans celle de simples pavillons.

Les transformations apportées au cadre de vie antérieur ne dépassaient pas, cependant, une certaine ampleur. L'échelle des interventions restait raisonnable, les nouveaux lotissements se développaient à la périphérie des villages, souvent dans les parcs des châteaux délaissés. Dans des agglomérations ainsi agrandies, le centre ancien conservait son rôle. C'est cet état charnière qui a été fixé par une multitude de cartes postales dont les clichés s'échelonnent de 1900 à 1910 environ.

Les choses ont plus sérieusement empiré dans l'entre-deux-guerres. La révolution industrielle, progressant par bonds à chaque conflit tout au long du XIXe siècle, a trouvé dans la Première Guerre mondiale un terrain à la mesure de ses potentialités. Dans ce colossal champ d'expérimentation, les technologies nouvelles ont pu démontrer leur effrayante efficacité. Une fois l'armistice signé, et l'ancien monde à terre, il fallait trouver à employer des capacités industrielles surproductives par nature. L'architecture et l'urbanisme ont naturellement suivi le rythme des innovations prodigieuses qui s'accomplissaient dans les transports, les moyens de communication et l'armement. Au même titre que ces industries, la construction s'est vue dépendre de ministères. La planification pouvait commencer ; avec ses premiers projets massifs et leurs implications politiques. Des architectes visionnaires, animés par des convictions infaillibles, ont pris une part active à ces bouleversements politiques radicaux.

Accompagnant leur dessein de donner la prépondérance à la jeunesse, à l'hygiène, au soleil (ces mots reviennent comme un leitmotiv dans leurs déclarations), il est remarquable de noter avec quelle constance le désir de faire table rase du passé les obsède. Ce réflexe destructeur était la marque de l'Esprit nouveau. Charlotte Perriand se souvient : « *C'était inévitable ; tous les soirs, après l'atelier Le Corbusier, avec tous mes camarades nous reconstruisions le monde. Toute création est un acte révolutionnaire puisqu'elle périme ce qui était*[1]. »

Vues d'avion…

Mais, comme on sait, il y a la théorie d'un côté et la réalité de l'autre. Sous les yeux effarés des champions de la planification et de la rationalité sociale, les années vingt ont vu l'explosion du phénomène du lotissement en maisons individuelles dans la région parisienne. Dans son programme, « la Charte d'Athènes » (Athènes ! rien que ça…), Le Corbusier s'indignait :

« *La banlieue est une erreur urbanistique, répandue dans tout l'univers et poussée à ses conséquences extrêmes en Amérique. Elle constitue l'un des plus grands maux du siècle. […] Les banlieues sont l'antichambre sordide des villes ; accrochées aux grandes voies d'accès par leurs ruelles, elles y rendent la circulation dangereuse ; vues d'avion, elles étalent aux yeux les moins avertis le désordre et l'incohérence de leur distribution*[2]. »

Un planificateur qui se respecte doit assurément prendre de la hauteur, chacun sait cela. Dans son aéronef, Corbu l'imprécateur ne s'inquiétait pas des terribles

* Hector Guimard, le talentueux architecte de l'Art nouveau parisien est l'inventeur de cette formule malheureuse. Se l'appliquant à lui-même — ce qui ne manqua pas de provoquer maints commentaires ironiques parmi ses confrères —, il proclamait ainsi son orgueilleuse différence. L'histoire finalement ne lui donne pas tort. Il n'empêche, que, l'un des premiers, il donnait, avec cette nuance superfétatoire, un très mauvais exemple de surenchère individualiste. En cela il rompait avec l'attitude des praticiens des siècles précédents, pour lesquels l'ambition suprême était de surpasser en excellence un art dont les règles étaient unanimement admises.

exodes qui s'amorçaient ; il regrettait seulement que cela ne se fît pas en rangées bien alignées.

Si les solutions qu'il préconisait apparaissent fausses aujourd'hui, il n'empêche que la gangrène qu'il dénonçait était bien réelle. Il ne se trompait d'ailleurs pas sur les causes du mal :

« *Toutes* [les métropoles] *témoignent du même phénomène : le désordre apporté par le machinisme dans un état qui comportait jusque-là une harmonie relative*[3]. »

Le machinisme avait détruit l'ancienne harmonie. Le machinisme saurait en créer une nouvelle, professait-il. L'utopie était séduisante, comment y résister?

L'inéluctable et anarchique urbanisation accompagnée d'une aussi inéluctable dégradation du paysage s'est quand même un peu ralentie après 1930 sous l'effet de la crise, suivie de la guerre. L'accalmie à duré jusqu'à la fin des années cinquante. Mais la moitié du mal était faite.

Nostalgies

L'harmonie parfaite, ressentie et fixée par Sisley et ses amis impressionnistes à la fin d'un âge d'or, était, au milieu de notre siècle, déjà sérieusement malmenée. Quelque chose d'autre pourtant s'était mis en place. Au sortir de la guerre, la banlieue appauvrie, engourdie, possédait encore un fonds de pittoresque, un certain charme photogénique. Sous la plume de Cendrars, de Céline ou de Léo Mallet, la poésie de ces lieux se colorait d'une teinte un peu misérabiliste. Le peintre avait échangé sa palette contre le Rolleiflex de Robert Doisneau dont les scènes en noir et blanc n'ont pas fini de nous émouvoir. Tardi, également, avec un talent plus cruel, nous restitue, avec quarante ans de recul, l'atmosphère de ces banlieues brinquebalées dans des dessins d'une étonnante vérité.

Dans sa diversité, avec ses terrains vagues, ses puces, ses ateliers d'artisans divers, de garagistes, de réparateurs en tout genre, la campagne encore proche avec ses maraîchers, ses zones pavillonnaires qui sentaient bon le lilas et le seringa, ses jardins ouvriers le long des voies ferrées, ses parcs et ses bois dans l'Ouest opulent, ses maisons d'artistes à Boulogne, à Sèvres, à Ville-d'Avray, cette banlieue, malgré tout, reste chère à ceux qui l'ont connue avant 1960.

Les plus de quarante ans ont encore en mémoire ce compromis libertaire et savoureusement franchouillard qui caractérisait ces contrées mal définies, où les enfants et les vieilles personnes, les jardiniers amateurs (et les interdits de séjour !) avaient encore leur place dans un décor simple et rassurant de petites épiceries, de bistrots et de réverbères style Maigret, aux halos si doux, aujourd'hui remplacés par d'immenses pylônes crachant une lumière intense et dont les prototypes, c'est sûr, ont dû naître dans des camps de prisonniers.

Quelquefois, par les fenêtres des trains (ils ont l'indiscret privilège de traverser les agglomérations par l'arrière), on aperçoit encore de minuscules potagers amoureusement entretenus. Ce sont les derniers vestiges de ces temps révolus.

Ces banlieues-là, qui n'ont jamais eu de défenseurs bien sérieux, disparaissent inexorablement, et avec elles les derniers recoins dont l'acquisition ou l'occupation pouvait se faire par des marginaux économiques. Des raisons d'efficacité financière, sociologique, électoraliste souvent, ont pourchassé ces dernières souplesses, ont appauvri le tissu humain, radicalisé les antinomies.

Le grand jeu

C'est au début des années soixante que les changements grandioses ont vraiment commencé. Les chantiers de grands ensembles se sont mis à proliférer ; en faisant un appel massif à une main-d'œuvre immigrée qui, pour s'abriter, édifiait des bidonvilles à Nanterre. Parallèlement, s'accélérait la dégradation des anciens centres, de plus en plus impropres à une circulation automobile grandissante. À mesure que les vieux villages se paupérisaient, des projets radicaux germaient dans l'imagination échauffée des édiles. C'est dans ces années-là que les dents des acteurs du drame se sont allongées ; que des appétits se sont révélés féroces. Les trois décennies qui ont suivi sont plaisamment appelées par les analystes économiques « les Trente Glorieuses ». Pour ce qui concerne leur décor, ce fut en effet une apothéose.

Fidèle à son rôle, la banlieue, depuis, continue de refléter son temps. Elle s'adapte ; elle enfle. La pénurie d'espace disponible aidant, les programmes lourds sont édifiés toujours plus loin, en bordure de champs de labour, dans des endroits perdus où les hasards du cadastre les affublent de noms de villages et de lieux-dits aux résonances bucoliques (Chanteloup-les-Vignes!...). Développements qui exigent l'implantation d'une infrastructure routière envahissante, aussi traumatisante pour le paysage que pour les riverains. Traumatisante également pour les automobilistes eux-mêmes, que le hasard mène un jour sur ces réseaux à boucles et qui forcément s'y égarent tant le sens naturel de l'orientation y est contrarié.

Le chaotisme ou l'art du chaos

En cette fin de siècle, la crise aidant, la bétonneuse tournerait moins vite, nous dit-on (mais on a du mal à le croire). Le moment est propice pour observer les résultats. Et s'enquérir de ce que pensent de la situation, aujourd'hui, les gardiens de la modernité.

Le spectacle du chaos généralisé, qui est devenu notre décor quotidien, n'a pas manqué d'inspirer quelques nouvelles théories architecturales, assez tordues il faut bien le dire, parmi lesquelles il en est une qui revendique le terme, tout simplement, de « chaotisme » ! Un architecte japonais, dans un numéro de *Connaissance des arts* consacré à l'architecture au Japon, nous fait part de son sinistre optimisme :

« *En s'inspirant de l'état chaotique urbain, l'architecte va créer sa propre écriture, à travers des codes et des signes qu'il déchiffre dans ce chaos. [...] L'architecture contemporaine est florissante au Japon. L'explication que l'on peut en donner, c'est, d'une part, la liberté de conception des architectes, d'autre part, l'absence de contingences urbaines à respecter. Des architectes comme Shinohara ou Watanabe vont encore plus loin : en admettant le chaos, ils essaient de créer une esthétique du chaos*[4]. »

La boucle est ainsi bouclée : dans les années soixante, les théoriciens de l'urbanisme n'ont eu de cesse de créer le chaos par un refus dogmatique impérieux d'accompagner l'architecture traditionnelle encore existante, et d'accepter un lien avec le tissu urbain en place. Trente ans plus tard, la même école moderniste constate le gâchis et, par une pirouette particulièrement cynique, en tire argument pour nous enfoncer un peu plus profondément dans notre désarroi. La dialectique est imparable.

Les derniers arrivés en date se réclament du « déconstructivisme » (une carte de visite portant la mention « architecte déconstructeur», ce serait drôle !). Les propos d'un groupe d'architectes viennois, phare de ce mouvement, dévoilent leur stratégie :

« ... *Nous en avons assez de voir du Palladio et d'autres masques de l'histoire. Car nous ne voulons pas exclure ce qui dérange de l'architecture.*

Nous voulons une architecture qui donne plus, qui saigne, qui épuise, qui se torde et, pourquoi pas, qui casse. Une architecture qui brille, qui pique, qui se brise et se déchire lorsqu'elle s'étire. L'architecture doit être abyssale, embrasée, lisse, dure, angulaire, brutale, ronde, tendre, colorée, obscène, lascive, rêveuse, attirante, repoussante, mouillée, sèche et palpitante. Vivante ou morte. Si elle est froide, alors froide comme un bloc de glace. Si elle est chaude, alors brûlante comme une aile enflammée[5]. »

Cette déclaration est en soi tout un programme... L'archi-torture nous menace ! À Paris, les stars du « crobard », les esthètes de la maquette, nous assurent que nous vivons une époque formidable. Dans leurs chapelles, les hymnes à l'énergie, à l'efficacité, au bonheur technologique continuent d'être psalmodiés sans relâche.

Saute béton !

Peut-il exister une issue à ce désordre ? Et, d'ailleurs, quel désordre ? Notre œil serait blessé ? Nous éprouverions de la nostalgie pour un équilibre détruit ? Ces émois sont bien légers, comparés aux problèmes autrement graves que les aménageurs du territoire ont à résoudre ! Et puis, en dehors de ses habitants, qui subissent avec accablement leur trajet journalier, qui donc traverse encore la banlieue ? Qui la fréquente ? Les livreurs ? La gendarmerie ? Les flâneurs se font rares, il faut bien l'admettre. Les autoroutes emmurées préservent désormais leurs usagers de tout attendrissement intempestif. Le petit vin blanc, les tonnelles de Robinson, c'est fini. Les banlieusards d'aujourd'hui se claquemurent et regardent au petit écran ce qui se passe dans leurs rues. Une sentence revient, ricanante, exaspérante : « On ne peut revenir en arrière. » L'envie n'en manque pas parfois...

Dans le camp des résignés, on se réfugie dans le fatalisme et l'on songe que, par définition, design ou pas, les produits de l'industrie finissent de plus en plus vite à la casse. Cela est vérifié pour les automobiles et les appareils ménagers. Le processus est déjà engagé avec l'architecture industrielle. On dynamite les tours comme on compresse les voitures usagées. Mais en leur for intérieur, les spectateurs, un peu gênés, se rendent bien compte qu'il y a erreur sur la marchandise. Contrairement aux maisons d'arrêt, aux tours de bureaux ou aux centres commerciaux, abris plus ou moins provisoires dans lesquels les conditionnements les plus variés peuvent être expérimentés, l'habitat ne peut se réduire à un habitacle qui serait une sorte d'extension, de prolongation de l'univers automobile avec sa logique provisoire.

D'heureux privilégiés (état qui n'est pas forcément lié à la fortune) connaissent très bien, pour les vivre quotidiennement, ou s'en souvenir, les liens subtils et forts qui se créent entre une maison et ses occupants ; dans la multiplicité des contacts et des cheminements. Faut-il insister sur les menues sensations et les infimes bonheurs que dispensent intarissablement les matériaux traditionnels employés dans leur vérité : la sonorité nette d'un parquet, le poli — affiné chaque jour — d'une poignée de cuivre, le contact doux et chaud du plâtre, la masse d'une porte, le lissé d'une rampe, le confort atavique d'un feu de cheminée, la fraîcheur d'une cave, la sécheresse d'un grenier et toutes les résonances, les reflets, les senteurs qui font que certaines maisons quittées restent intactes dans les mémoires ?

Est-il bien raisonnable, vraiment, d'espérer, qu'un jour, des architectes pourraient se libérer un peu de leur pesant ego, oublier qu'il « faut » être moderne, oublier les dogmes et les clichés du jour pour s'accorder sur ce qui est aimable et qui dure ? Quel émerveillement ce serait de les voir se désenchanter d'une technologie omniprésente, envoyer au diable l'assistance informatique, les qualifications imposées par les compagnies d'assurance, les modules préfabriqués, la climatisation, les revêtements de camouflage, les matériaux d'isolation, le verre fumé, les raides menuiseries d'aluminium ou de PVC aux sections odieusement épaisses, etc. Toute une quincaillerie, qui est laide, qui pollue, qui nécessite une maintenance onéreuse et qu'un maquis de réglementations, d'incitations fiscales, favorise.

Au vrai, de tels praticiens désabusés, mais têtus, existent. Peut-être même sont-ils moins rares qu'on le redoute. Disséminés et réduits au silence, ils ont la lourde tâche de maintenir une part essentielle de notre culture.

Prunus et arts plastiques

Mais les architectes, bons ou mauvais, ne peuvent être tenus pour entièrement responsables de l'ensemble de l'image urbaine. On ne peut, par exemple, leur imputer les petites catastrophes quotidiennes que constituent des initiatives individuelles comme l'installation, dans les agglomérations anciennes, d'enseignes agressives ou le remodelage de devantures de magasin débordant abusivement des limites de la façade commerciale ; dans les rénovations, l'usage d'enduits en ciment là où il y avait du plâtre ; ou, pire encore, en matière de ravalement, la mise à nu, pour faire plus rustique, de grossiers moellons et de pans de bois destinés à l'origine à demeurer cachés. L'administration municipale ne leur demande pas toujours leur avis quand il s'agit de multiplier sur la voie publique les panneaux publicitaires ou signalétiques, de disposer dans un ordre plus ou moins aléatoire des bacs à fleurs en béton, de choisir de précieux arbustes ornementaux (généralement pourpres) ou de calamiteuses œuvres d'art (généralement en acier inoxydable) qui ridiculiseraient les rues et les places les plus honnêtes. Par le fait d'on ne sait quelle malédiction, ces interventions accumulées tournent, en règle genérale, à la déroute complète de l'harmonie ancienne que pourtant l'on cherchait maladroitement à retrouver en multipliant les lanternes en laiton, en décrétant certaines rues piétonnes. Dans ces matières, la moindre initiative est rapidement piégée par des blocages mystérieux qui tendent à rendre difficile l'accès à la simplicité, au naturel.

Un revirement s'est opéré depuis quelques années : les grands chantiers sont devenus aux yeux des édiles de très mauvais arguments électoraux. C'est à qui désormais se déclarera le plus minimaliste. On ne peut que se féliciter de ces récentes dispositions vertueuses. Après le temps des grands massacres, ce qui subsiste des structures des vieilles agglomérations tend enfin à être préservé, et les vides sont comblés par des constructions de hauteurs à nouveau raisonnables.

Hélas, dans cette brèche ouverte par les déçus du modernisme, s'engouffrent déjà des alternatives en trompe l'œil. D'opportunistes emballeurs, bien décidés à poursuivre la même logique industrielle flattent autrement le consommateur désorienté. Les colonnades fantoches, les frontons approximatifs, la corniche prémoulée et agrafable, le mince placage de pierre ou de marbre sont désormais à la portée de tous. Ils sont à l'architecture ce que les ronds-points paysagers sont à la nature. Artificiels et déplacés. Non que ces éléments architectoniques intemporels et universels soient devenus caducs ; mais ils deviennent grotesques dès lors qu'ils ne sont pas employés dans la vérité et la logique des matériaux.

Il est vrai que, par un étrange gauchissement de l'esprit, le grotesque peut, dans certains cas, se parer de vertu moderniste. Il suffit pour cela qu'il possède un certain pouvoir déstabilisateur.Toutes les gaietés du postmodernisme de citation sont fondées sur ce principe d'ironie qui joue le second degré. Jeu intellectuel facile et irresponsable qui ne peut amuser que le temps d'un coup d'œil aux photos d'un magazine d'art. Édifié en dur et soumis au quotidien, l'humour en architecture est parfaitement désespérant.

Big Machine

À part quelques projets spectaculaires accolés aux noms d'une poignée de vedettes dont les éclats font diversion, l'industrie du bâtiment réduit chaque jour un peu plus les prérogatives de l'homme de l'art devenu une charge inutile dans les bureaux d'études.

L'ordinateur, aujourd'hui manipulé par un collaborateur subalterne, n'aura bientôt plus besoin de personne pour « optimiser l'espace » et l'habiller ensuite en consultant un répertoire de formes néo-art-déco, néo-pompéiennes ou polyédriques. La situation fait un peu penser à ces scénarios de science-fiction où la machine, arrivée à un certain stade de développement, acquiert son autonomie et n'a, dès lors, de cesse de se débarasser des hommes qui l'ont conçue.

Et que peuvent produire les nouveaux outils informatiques hormis une esthétique d'une inhumanité absolue, règne des arêtes invraisemblablement rectilignes, des planéités parfaites et immaculées, de la précision micrométrique des alignements et des trames ? Cette finition *clean* et *high tech* séduit les décideurs épris de rationalisation et de représentation spectaculaire de la prospérité. L'aspect provisoirement neuf de ces produits contraste durement avec ceux déjà ternis de la génération précédente. Ils affichent, dans le paysage, les étapes d'une course haletante et confuse.

Tout cela fait la banlieue nouvelle. Sur son image brouillée se superpose une profusion exténuante de lignes à haute tension, de couleurs, de signaux géants, d'enseignes monstrueuses se reflétant sur l'asphalte des parkings.

Le tout est gaiement rythmé par des panneaux publicitaires, toujours plus nombreux, vantant le goût des choses simples et naturelles : le fromage à la louche ou les maisons de maçons, par exemple.

A. B.

Les citations sont extraites des ouvrages suivants :

1. Charlotte Perriand, *Un art de vivre*, Paris, musée des Arts décoratifs, Flammarion, Paris, 1985.
2. Le Corbusier, *La Charte d'Athènes des CIAM*, Paris, Plon, 1943.
3. Le Corbusier, *La Charte d'Athènes, op. cit.*
4. Masakazu Bokura, *Le Code invisible* in *Connaissance des Arts*, n° 470, avril 1991.
5. Coop Himmelblau, *Construire le ciel* (avec du vent, sans doute ?), Paris, CCI Centre Georges-Pompidou, 1992.

Mais, pour le plaisir et la pertinence, il vaut mieux lire :

- le fraternel Blaise Cendrars (*La Banlieue de Paris,* photographies de Robert Doisneau, Paris, Pierre Seghers, 1949) ;
- le lucide Yvan Christ (*Les Métamorphoses de la banlieue parisienne,* Paris, André Balland, 1969) ;
- l'allègre Tom Wolfe (*Il court, il court le Bauhaus [from Bauhaus to our house]*, Paris, Mazarine, 1982).

Place du 13 Octobre. - Bagneux (Seine).

1. Bagneux.
Place du 13-Octobre, vers 1910.
Place du 13-Octobre, avril 1972.
Place du 13-Octobre, juillet 1991.

13. BIÈVRES — Le Petit-Bièvres - Arrivée de la Gare C. L. C.

UBERGE

2. Bièvres.
Le Petit Bièvres, en 1910.
Rue du Petit-Bièvres, mai 1972.
Rue du Petit-Bièvres, janvier 1992.

AU BON MARCHÉ
CHAUSSURES
NOUVEAUTÉS CONFECTIONS
BOULANGERIE
9 BOBIGNY. — Place de l'Église. J. L. C.

JOURNAUX
MAISON DE LA PRESSE

3. Bobigny.
Place de l'Église, vers 1910.
Place Gabriel-Péri, septembre 1971.
Quartier Karl-Marx, février 1992.

12. CACHAN
Rue Guichard dominant les hautes Bruyères et Fontaine
Place Gambetta, construite en 1845 (Style Renaissance) C. L. C.
RESTAURANT
C. Bourgeois, Lib. Cachan

CINEMA La Pléiade
Meteor
Café du Centre

4. Cachan.
Rue Guichard, vers 1910.
Rue Guichard, octobre 1971.
Rue Guichard, avril 1992.

POSTES
A·MINUTTE
CHOCOLAT · VINAY · VINS
6. CACHAN — Rue Camille Desmoulins et place Gambetta C. L. C.

HOTEL DU COMMERCE
CAFE DES SPORTS

5. Cachan.
Rue Camille-Desmoulins et place Gambetta, vers 1910.
Rue Camille-Desmoulins et place Gambetta, octobre 1971.
Rue Camille-Desmoulins et place Gambetta, avril 1992.

11. CHARENTON
Carrefour des rues de Saint-Mandé des 4 vents et des Épinettes
C. M.

6. Charenton.
Avenue de Saint-Mandé, en 1910.
Avenue du Maréchal-de-Lattre-de-Tassigny, septembre 1971.
Avenue du Maréchal-de-Lattre-de-Tassigny, janvier 1992.

12. CHARENTON — Quai des Carrières
E. L. D.
HÔTEL BOURGOGNE

7. Charenton.
Quai des Carrières, vers 1910.
Quai de Charenton, janvier 1972.
Autoroute A4, janvier 1992.

36. — Châtenay.
Avenue de Versailles
(côté Versailles).

TABAC
D 128
2 VERRIÈRES
10 CHRIST DE SACLAY

8. Châtenay.
Avenue de Versailles, vers 1910.
Avenue de la Division-Leclerc, mai 1972.
Avenue de la Division-Leclerc, janvier 1992.

AU PUITS SANS VIN
CAFÉ
RESTAURANT
SALON AU PREMIER
RESTAURANT DU PUITS SANS VIN
20
Chaville (S.-et-O.) — Le Puits sans Vin, la Rue de l'Eglise
F C&C F

9. Chaville.
La rue de l'Église, vers 1910.
Rue Anatole-France, novembre 1971.
Rue Anatole-France, janvier 1992.

Chaville — Grande-Rue (4)
AU RETOUR d'ITALIE
BILLARD TABA
INS CAFE LIQUEURS

10. Chaville.
Grande Rue, vers 1910.
Avenue Roger-Salengro, septembre 1971.
Avenue Roger-Salengro, mars 1993.

CLAMART — Place Marquis et rue de la Forêt
Pap. Vve Némoz, Clamart

Zone Industrielle
PLESSIS ROBINSON
LA PLAINE

11. Clamart.
Place Marquis, vers 1910.
Place Marquis, février 1972.
Place Marquis, décembre 1992.

RESTAURANT
RESTAURANT
837. CLAMART — La Rue de la Forêt E. M.

MEUBLES
1ers FEUX A DROITE
GILDA · ILE-DE-FRANCE AMEUBLEMENT · MANESSE
Coca-Cola
RELAIS DU BOIS
Coca-Cola
HANSA
HANSA

12. Clamart.
Rue de la Forêt, en 1910.
Rue du Président-Roosevelt, novembre 1971.
Rue du Président-Roosevelt, décembre 1992.

AUX ACACIAS
CAFÉ
RESTAURANT
BILLARD
SALLE NOCES & BANQUETS
MATELOTE FRITURE
CHAMBRES MEUBLÉES
1. PETIT-COLOMBES — Les Acacias C. L. C.

MOTUL
MOTOS · AUTOS
Pièces détachées...
A. MANTOVANI
Vespa

13. Colombes.
Le Petit Colombes, vers 1910.
Boulevard Charles-de-Gaulle, mars 1972.
Boulevard Charles-de-Gaulle, juillet 1991.

CONFISERIE
BEURRE OEUFS
FROMAGES
PRODUITS
Cantine de la Petite
15
POMPADOUR
CAFÉ
H. D. 58. Les Quatre Chemins au PETIT-COLOMBES.

PATISSERIE

14. Colombes.
Les quatre chemins, vers 1910.
Boulevard Charles-de-Gaulle, mars 1972.
Boulevard Charles-de-Gaulle, mars 1992.

8. Courbevoie. — Place Hérold
HOTEL MEUBLE
MESURE
ABEILLE
ASNIÈRES

d'aucy

15. Courbevoie.
Place Herold, en 1910.
Place Herold, novembre 1971.
Place Herold, juillet 1991.

Veuillez agréer mes bons sentiments
NOUVEAUTES
GRANDE EPICERIE
24. COURBEVOIE — Place Hérold et Rue de l'Eglise C. L. C.

ASNIÈRES
PARKING
Municipal

16. Courbevoie.
Place Herold, vers 1910.
Place Herold, novembre 1971.
Place Herold, juillet 1991.

LANGERIE PATISSERIE
CONSERVES AM
Collections ND Ph
93
COURBEVOIE. — Place Victor-Hugo & Rue de Bezons

clément
BOULANGERIE PATISSERIE
clément
LECUREUIL

17. Courbevoie.
Place Victor-Hugo, vers 1910.
Place Victor-Hugo, novembre 1971.
Place Victor-Hugo, mars 1992.

522. CRÉTEIL – Monument du Général Ladreit de la Charrière
et du Combat du 3 Novembre 1870
E. M.

18. Créteil.
Grande Rue, vers 1910.
Rue du Général-Leclerc, janvier 1972.
Rue du Général-Leclerc, février 1993.

3 — CRÉTEIL - Grande rue
Bibi est bien
C. R.
P. Marmuse, Paris

850 ou 1100
la Renault 6

19. Créteil.
Grande Rue, vers 1910.
Rue du Général-Leclerc, janvier 1972.
Rue du Général-Leclerc, février 1992.

32. CRÉTEIL — La Grande Rue C. M.
TEINTURERIE
CRÉMIER-GLACIER
TEINTURERIE
MERCERIE

COIFFEUR
CAPILLICULTEUR
Soins des cheveux
CAPILO

20. Créteil.
Grande Rue, en 1910.
Rue du Général-Leclerc, janvier 1972.
Rue du Général-Leclerc, février 1992.

24. Créteil pittoresque — Vieille Tour datant du XIIe siècle

21. Créteil.
Rue des Mèches, vers 1910.
Rue des Mèches, janvier 1972.
Rue des Mèches, février 1993.

GENTILLY - Place de La Fontaine
Edition Vve Beynex

CAFE-BAR
LE CENTR

22. Gentilly.
Place de la Fontaine, vers 1910.
Place du 8-Mai-1945, octobre 1971.
Place de la Victoire-du-8-Mai-1945, juillet 1991.

REPUBLIQUE FRANÇAISE
5c
POSTES
22. GENTILLY (Seine) – Place de la Fontaine

BANQUE NATIONALE DE PARIS

23. Gentilly.
Place de la Fontaine, vers 1910.
Place du 8-Mai-1945, octobre 1971.
Place de la Victoire-du-8-Mai-1945, avril 1992.

29. GENTILLY – Place de la Fontaine
CAFÉ de la PLACE de la FONTAINE
TABAC
SOCIÉTÉ

24. Gentilly.
Place de la Fontaine, vers 1905.
Place du 8-Mai-1945, octobre 1971.
Place de la Victoire-du-8-Mai-1945, juillet 1991.

5c
POSTES
E.L.D
27. MALAKOFF-MONTROUGE — Avenue de Châtillon, vers la barrière

25. Malakoff.
Avenue de Chatillon, vers 1910.
Avenue Pierre-Brossolette, avril 1972.
Avenue Pierre-Brossolette, décembre 1992.

5c POSTES
5c POSTES
2. MALAKOFF. — Avenue de la République. Le Parc

26. Malakoff.
Avenue de la République, en 1910.
Avenue de la République, avril 1972.
Avenue de la République, décembre 1992.

NEUILLY-PLAISANCE (S.-&-O.). — La Rue des Belles-Vues
EPICERIE
GRAINETERIE
PAR Mr ROUAUD
JOUGLET
AU CHIEN QUI FUME
E. Faciolle, photo-édit., Le Perreux

27. Neuilly-Plaisance.
Rue des Belles-Vues, vers 1910.
Rue Pierre-Brossolette, mai 1972.
Rue Pierre-Brossolette, avril 1992.

38 — Noisy-le Sec
La Vierge — B. F., PARIS

28. Noisy-le-Sec.
La Vierge, en 1910.
Rue du Parc et rue Anatole-France, avril 1972.
Rue du Parc et rue Anatole-France, juillet 1991.

93 — C.M. — SAINT-CLOUD — Vue générale

29. Saint-Cloud.
Pont de Saint-Cloud, vers 1910.
Pont de Saint-Cloud, décembre 1970.
Pont de Saint-Cloud, janvier 1992.

H.-F. PARIS. — SAINT-CLOUD. - 11. Avenue du Palais
CIDRE

30. Saint-Cloud.
Avenue du Palais, en 1910.
Autoroute de l'Ouest, mai 1972.
Autoroute A13, janvier 1992.

LE PARC-St-MAUR — Avenue de Neptune

31. Saint-Maur.
Avenue de Neptune, vers 1910.
Avenue de Neptune, mars 1972.
Avenue de Neptune, janvier 1992.

319 — Adamville - Saint-Maur
Bd de Créteil - Carrefour Garibaldi
RESTAURAN
RESTAURANT LEON
photo.-édit., Le Perreux

TAILLEUR

32. Saint-Maur.
Boulevard de Créteil-rue de Garibaldi, vers 1910.
Boulevard de Créteil-rue de Garibaldi, mai 1972.
Boulevard de Créteil-rue de Garibaldi, janvier 1992.

CAFÉ RESTAURANT de la TERRASSE
P. Marmuse, Paris.
9. — Sèvres. – Avenue Sainte-Marie. – Vue de l'Entrée du Bois.

33. Sèvres.
Avenue Sainte-Marie, vers 1910.
Avenue de la Division-Leclerc, décembre 1971.
Avenue de la Division-Leclerc, janvier 1992.

47. SURESNES – Rue du Bac et Place Henri IV E.L.D.
POSTES
SURESNES
AU CADRAN BLEU
SALON de 80 COUVERTS
L·VEILLAT
SUCCESSEUR

34. Suresnes.
Rue du Bac, en 1910.
Rue du Bac, décembre 1971.
Rue du Bac, juillet 1991.

4 SURESNES — Place Henri IV
80 COUVERTS
BOULANGERIE
BUVETTE
15c
A LA CIVETTE HENRI IV
CH. VAGNER
P. Marmuse, Paris

JOURNAUX

35. Suresnes.
Place Henri-IV, vers 1910.
Place Henri-IV, décembre 1971.
Place Henri-IV, juillet 1991.

POSTES
REPUBLIQUE FRANCAISE
TABAC
PATISSERIE P. ROBERT
TABACS
4 VANVES. — Rue de la Mairie.
P. Marmuse

PATISSERIE

36. Vanves.
Rue de la Mairie, vers 1910.
Rue Antoine-Fratacci, octobre 1971.
Rue Antoine-Fratacci, décembre 1992.

VILLE D'AVRAY – Le Restaurant du Père Auto
AU PERE AUTO
Edition du Café-Restaurant du Père Auto

37. Ville-d'Avray.
Route de Versailles, vers 1910.
Route de Versailles, novembre 1971.
Route de Versailles, janvier 1992.

VITRY. — Rue d'Arnetal
VINS A LA JEUNE FRANCE TABAC
CAFE
VINS & LIQUEURS
BILLARD
TABAC
ARTICLES POUR FUMEURS

ICI
PEGASE
AUTO-ECOLE
AUTO-ECOLE
HONDA 250

38. Vitry.
Rue d'Arnetal, vers 1910.
Rue de l'Abbé-Roger-Derry, mai 1972.
Rue de l'Abbé-Roger-Derry, février 1992.

VITRY — Rue d'Arnetal
18 fevrier 1913
ULANGERIE
VINS
EN GROS
D·CA

NTATION CREMERIE
PRESSING
BLANCHISSERIE
LAVERIE

39. Vitry.
Rue d'Arnetal, vers 1910.
Rue de l'Abbé-Roger-Derry, mai 1972.
Rue de l'Abbé-Roger-Derry, février 1992.

L'INVENTION DU CONCEPT VISUEL D'ÉROSION URBAINE

Plus éloquent que de longs exposés, plus explicite que de savants traités, plus mobilisateur que des manifestes dénonciateurs, ce corpus de photographies constitue un événement car il permet d'aborder de façon nouvelle le phénomène des mutations du paysage urbain au cours du XXe siècle.

Cette approche est ici servie par une volonté d'impartialité à caractère quasi scientifique en évitant systématiquement qu'interfèrent des approximations ou interprétations de nature affective. Ce travail méthodologique débouche sur un concept d'inventaire rétroactif : il prend corps en s'articulant sur le patrimoine des vues de villes, élaboré par les photographes au début du siècle et dès lors massivement diffusé grâce à l'édition de cartes postales. Ayant sélectionné dans la collection de Roxane Debuisson celles évoquant de façon optimale le spectacle de la rue dans les communes périphériques de la capitale, Blondel et Jaulmes ont alors greffé sur ce capital iconographique ancien leur propre travail photographique. En traitant les mêmes lieux, en les abordant rigoureusement sous le même angle depuis le même point d'observation que leurs prédécesseurs, ils ont réalisé *in situ* deux campagnes successives de relevés en 1971-1972 et en 1991-1993.

La première apparaît déjà comme une sorte de témoignage d'archéologie urbaine tant les transformations de la ville ont été importantes en vingt ans. Mais la confrontation définitive des trois séquences confère au livre la surprenante puissance d'un dictionnaire encyclopédique des multiples déclinaisons du vocabulaire architectural et urbanistique adopté pour métamorphoser la ville ; celle-ci apparaît ainsi tour à tour disloquée, démantelée, aseptisée, morcelée, standardisée, nivelée, écartelée, dénaturée, désagrégée, pervertie, avilie, dégradée, décomposée, déconstruite mais très rarement valorisée ou améliorée dans sa structure. Ce travail d'investigation historique et contemporaine sur la modernité urbaine a une valeur exemplaire de témoignage civique car il donne à voir — à la fois sereinement et brutalement — l'abyssale profondeur de la médiocrité qui a investi la ville et les modalités matérielles par lesquelles elle s'est trouvée progressivement dépossédée de son urbanité, à savoir « l'art de faire la ville et l'art de vivre la ville ».

Les discours bienveillants ou pontifiants, humanistes ou doctrinaires des urbanistes, architectes et ingénieurs, des planificateurs et aménageurs, des élus ou décideurs se trouvent ici confrontés à l'implacable constat de l'incapacité de notre société à produire un milieu urbain qui ne soit pas indigent. C'est la notion même de progrès qui est mise en doute.

Ce livre constitue ainsi un acte d'accusation d'une virulence d'autant plus dévastatrice que leurs auteurs semblent drapés dans la paisible objectivité de leurs photos-constats. Certains seront donc amenés à les prétendre nostalgiques pour tenter de réduire l'impact des questionnements multiples dont leur travail est porteur. Mais d'autres devraient être stimulés par les perspectives de cette œuvre critique pour tenter d'en utiliser les ressources. Il y a ici, en effet, matière à mobiliser de nombreuses compétences pour analyser, commenter et expliquer les divers mécanismes qui ont engendré ces métamorphoses urbaines. Ces photographies attendent désormais l'intervention de médiateurs et pédagogues, de sociologues historiens et ethnologues, de politologues et géographes, de multiples chercheurs et enseignants — mais avant tout des citoyens — pour tenter de comprendre l'une des énigmes de la modernité : pourquoi et comment la société industrielle a-t-elle perverti la ville, dévalorisé à ce point les valeurs d'urbanité, réduit l'image et le vécu de la cité à des schémas aussi insignifiants durant la seconde moitié du XXe siècle ?

Jean Dethier
Architecte conseil au Centre Georges-Pompidou
Commissaire de l'exposition « La ville » pour les arts visuels